ANIMALS
That Make a Difference!

Bats
Les chauves-souris

Ashley Lee

e Explore other books at:
WWW.ENGAGEBOOKS.COM

VANCOUVER, B.C.

I0201576

e↗ WWW.ENGAGEBOOKS.COM

Bats: Level 1 Bilingual (English/French) (Anglais/Français)
Animals That Make a Difference!
Lee, Ashley 1995 —
Text © 2021 Engage Books
Edited by: A.R. Roumanis
and Lauren Dick
Translated by: Amanda Yasvinski
Proofread by: Josef Oberwinzer

Text set in Arial Regular.
Chapter headings set in Arial Black.

FIRST EDITION / FIRST PRINTING

All rights reserved. No part of this book may be stored in a
retrieval system, reproduced or transmitted in any form or by any
other means without written permission from the publisher or a
licence from the Canadian Copyright Licensing Agency. Critics
and reviewers may quote brief passages in connection with a review
or critical article in any media.

Every reasonable effort has been made to contact the copyright
holders of all material reproduced in this book.

LIBRARY AND ARCHIVES CANADA CATALOGUING IN PUBLICATION

Title: Animals That Make a Difference: Bats Level 1 Bilingual (English / French) (Anglais / Français)
Names: Lee, Ashley, author.

ISBN 978-1-77476-404-6 (hardcover)
ISBN 978-1-77476-403-9 (softcover)

Subjects:
LCSH: Bats—Juvenile literature
LCSH: Human-animal relationships—Juvenile literature

Classification: LCC QL737.C5 L44 2020 | DDC J599.4—DC23

Contents
Table des matières

What Are Bats?
Que sont les chauves-souris ?

Bats are the only mammals that can fly.

Les chauves-souris sont les seuls mammifères capables de voler.

4

Mammals are covered in hair and have bones in their back. They feed their babies milk.

Les mammifères sont couverts de poils et ont des os dans le dos. Ils nourrissent leurs bébés avec du lait.

What Do Bats Look Like?
À quoi ressemblent les chauves-souris ?

The smallest bats are only 6 inches (15 centimeters) wide. The largest bats can be up to 6 feet (1.8 meters) wide.

Les plus petites chauves-souris ont une largeur de seulement 6 pouces (15 centimètres). Les plus grosses chauves-souris peuvent avoir une largeur allant jusqu'à 6 pieds (1,8 mètre).

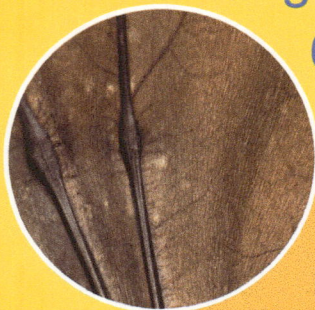

Bat wings are made of thin skin. The skin is stretched between the front and back legs.

Les ailes de chauve-souris sont faites de peau fine. La peau est tendue entre les pattes avant et arrière.

A bat's ears are large compared to the size of its head. Bats use their ears to find food and other bats.

Les oreilles d'une chauve-souris sont grandes en relation à la taille de sa tête. Les chauves-souris utilisent leurs oreilles pour trouver de la nourriture et d'autres chauves-souris.

Bats have claws on their feet. They use their claws to hold things.

Les chauves-souris ont des griffes aux pieds. Elles utilisent leurs griffes pour tenir les choses.

Where Do Bats Live?
Où vivent les chauves-souris ?

Bats make homes called roosts. Roosts are used for sleeping. Most bats make roosts in caves or old buildings.

Les chauves-souris construisent des maisons appelées dortoirs. Les dortoirs sont utilisés pour dormir. La plupart des chauves-souris font des dortoirs dans des grottes ou des bâtiments anciens.

Most bats live in tropical areas. Tube-nosed bats live in Australia. Indian flying fox bats live in India. Sulawesi fruit bats come from Indonesia.

La plupart des chauves-souris vivent dans les zones tropicales. Les chauves-souris à nez tubulaire vivent en Australie. Les chauves-souris renards volants indiens vivent en Inde. Les chauves-souris frugivores de Sulawesi viennent d'Indonésie.

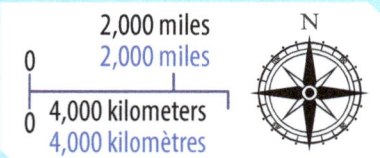

Indonesia
L'Indonésie

Europe
L'Europe

Asia
L'Asie

India
L'Inde

Pacific
Ocean
L'océan
Pacifique

Africa
L'Afrique

Atlantic
Ocean
L'océan
Atlantique

Australia
L'Australie

Australia
L'Australie

Southern
Ocean
L'océan
Austral

2,000 miles
2,000 miles
0

4,000 kilometers
0
4,000 kilomètres

N

Legend Légende
Land La Terre
Ocean L'Océan

What Do Bats Eat?

Que mangent
les chauves-souris ?

Most bats eat fruit or insects. Some bats drink a sweet liquid from flowers called nectar. A few bats eat small animals. They eat birds, frogs, and lizards.

La plupart des chauves-souris mangent des fruits ou des insectes. Certaines chauves-souris boivent un liquide sucré produit par les fleurs et appelé nectar. Quelques chauves-souris mangent de petits animaux. Elles mangent des oiseaux, des grenouilles et des lézards.

Some bats find food by using special cries. These cries bounce back to the bat when they hit an object. Bats hear their cry and can tell where small animals are. This is called echolocation.

Certaines chauves-souris trouvent de la nourriture en utilisant des cris spéciaux. Les cris rebondissent sur un objet et reviennent à la chauve-souris. Les chauves-souris entendent leurs cris et savent où se trouvent les petits animaux. C'est ce qu'on appelle l'écholocation.

How Do Bats Talk to Each Other?

Comment les chauves-souris se parlent entre elles ?

Bats use chirps and cries to talk to each other. They use these sounds to find other bats or warn others of danger.

Les chauves-souris utilisent des gazouillis et des cris pour se parler. Elles utilisent ces sons pour trouver d'autres chauves-souris ou avertir les autres du danger.

Some bat sounds are so high-pitched they cannot be heard by people.
Certains de ces sons sont si aigus qu'ils ne peuvent pas être entendus par les gens.

13

Bat Life Cycle
Cycle de vie des chauves-souris

Baby bats are called pups. They learn to fly when they are 3 weeks old.

Les bébés chauves-souris sont appelés chauve-souriceaux. Ils apprennent à voler à l'âge de 3 semaines.

Pups stay in groups called nurseries. They are cared for by female bats.

Les chauve-souriceaux restent dans des groupes appelés crèches. Les chauves-souris femelles en prennent soin.

Pups are fully grown at 2 months old. This is when they leave the nursery.
Les chauve-souriceaux sont complètement développés à l'âge de 2 mois. C'est à ce moment-là qu'ils quittent la crèche.

Most bats live for 10 to 20 years. Very few bats live more than 30 years.
La plupart des chauves-souris vivent de 10 à 20 ans. Très peu de chauves-souris vivent plus de 30 ans.

Curious Facts About Bats

Bats lick themselves to keep clean.
Les chauves-souris se lèchent pour rester propres.

The oldest known living bat was 41 years old.
La plus vieille chauve-souris vivante connue avait 41 ans.

Bats can eat more than 1,000 insects in an hour.
Les chauves-souris peuvent manger plus de 1 000 insectes en une heure.

Faits curieux sur les chauves-souris

Some bats sleep through winter. This is called hibernation.
Certaines chauves-souris dorment pendant l'hiver. C'est ce qu'on appelle l'hibernation.

Most bats sleep upside down. They hang from their feet.
La plupart des chauves-souris dorment à l'envers. Elles se pendent par leurs pieds.

Bat knees bend backwards.
Les genoux de chauve-souris se plient en arrière.

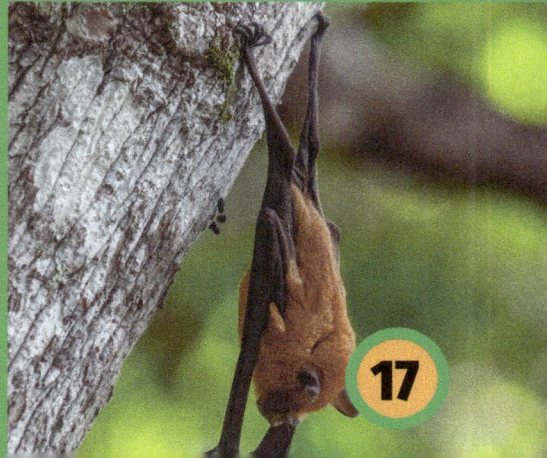

Kinds of Bats
Types de chauves-souris

There are more than 1,300 kinds of bats. These are split into two groups. Microbats eat insects. They usually only come out at night.

Il existe plus de 1 300 types de chauves-souris. Ceux-ci sont divisés en deux groupes. Les micro-chauves-souris mangent des insectes. Elles ne sortent généralement que la nuit.

Megabats eat fruit and nectar. They have larger eyes than microbats. Some megabats come out during the day.

Les méga-chauves-souris mangent des fruits et du nectar. Elles ont des yeux plus grands que les micro-chauves-souris. Certaines méga-chauves-souris sortent pendant la journée.

How Bats Help Earth
Comment les chauves-souris aident la Terre

Bats eat many plant seeds. The seeds come out in their poop. Bat poop helps seeds grow into new plants.

Les chauves-souris mangent de nombreuses graines de plantes. Les graines sortent dans leur caca. Le caca de chauve-souris aide les graines à devenir de nouvelles plantes.

Pollen is a fine powder that flowers make. Female plants need pollen from male plants to make seeds. Bats help spread pollen from one plant to another. This is called pollination.

Le pollen est une sorte de poudre fine que produisent les fleurs. Les plantes femelles ont besoin de pollen de plantes mâles pour faire des graines. Les chauves-souris aident à propager le pollen d'une plante à une autre. C'est ce qu'on appelle la pollinisation.

How Bats Help Other Animals

Comment les chauves-souris aident les autres animaux

Many animals eat the plants that bats help grow. These animals would have less food to eat without bats.

De nombreux animaux mangent les plantes que les chauvessouris aident à pousser. Ces animaux auraient moins de nourriture à manger sans les chauves-souris.

Desert animals drink water from cacti. Some cacti can only grow if bats pollinate them. Desert animals would not have enough water without bats.

Les animaux du désert boivent de l'eau des cactus. Certains cactus ne peuvent pousser que si les chauves-souris les pollinisent. Les animaux du désert n'auraient pas assez d'eau sans les chauves-souris.

How Bats Help Humans
Comment les chauves-souris aident les humains

Bats eat insects that harm the food humans grow. They also pollinate fruits and vegetables. There would be fewer bananas, avocados, and mangoes without bats.

Les chauves-souris mangent des insectes qui nuisent à la nourriture que les humains cultivent. Elles pollinisent également les fruits et les légumes. Il y aurait moins de bananes, d'avocats et de mangues sans chauves-souris.

Scientists are making a new medicine from bat drool. The medicine is called Draculin. It is helping people with heart problems.

Les scientifiques fabriquent un nouveau médicament à partir de la bave de chauve-souris. Le médicament s'appelle Draculin. Il aide les personnes souffrant de problèmes cardiaques.

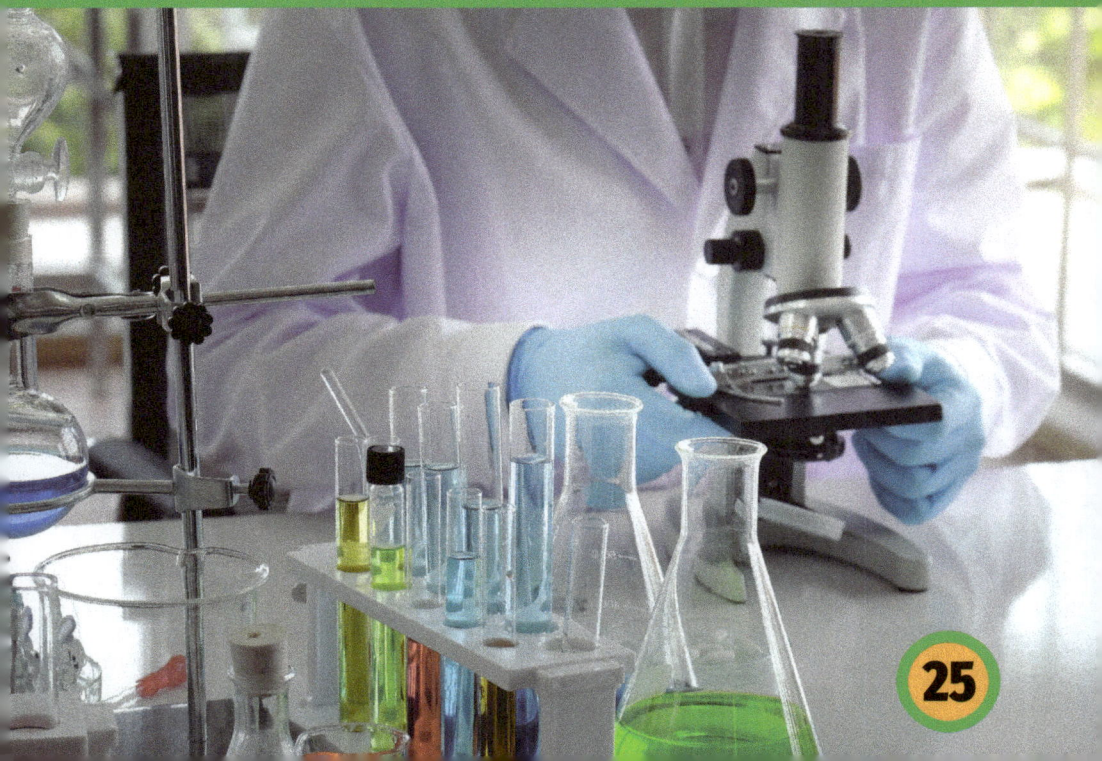

Bats in Danger
Chauves-souris en danger

Many bats are endangered. This means there are very few of them left. A disease called white-nose syndrome is making bats end their hibernation early. When bats wake up, there is not enough food to eat.

De nombreuses chauves-souris sont en danger. Cela signifie qu'il en reste très peu. Une maladie appelée syndrome du museau blanc fait que les chauves-souris mettent fin prématurément à leur hibernation. Lorsque les chauves-souris se réveillent, il n'y a pas assez de nourriture à manger.

Some bats are hunted by humans.
The Mauritian flying fox bat is hunted on
Mauritius island. The country sees the bats
as pests. These bats are disappearing.

Certaines chauves-souris sont chassées
par les humains. La roussette noire
est chassée sur l'île Maurice. Le pays
considère ces chauves-souris comme
des ravageurs. Ces chauves-souris
disparaissent.

How To Help Bats
Comment aider les chauves-souris

Pesticides are chemicals that kill bugs. Bats eat insects that have been sprayed with pesticides. This can make bats very sick. Many people are no longer using pesticides.

Les pesticides sont des produits chimiques qui tuent les insectes. Les chauves-souris mangent des insectes qui ont été pulvérisés avec des pesticides. Cela peut rendre les chauves-souris très malades. De nombreuses personnes n'utilisent plus de pesticides.

Some people do not like bats. They will scare bats away from their homes. Tell your friends and family how helpful bats are. This can help save bats from being forced out of their roosts.

Certaines personnes n'aiment pas les chauves-souris. Ils effrayeront les chauves-souris de leurs maisons. Dites à vos amis et à votre famille à quel point les chauves-souris sont utiles. Cela peut aider à empêcher les chauves-souris d'être forcées de quitter leurs dortoirs.

Quiz
Quiz

Test your knowledge of bats by answering the following questions. The questions are based on what you have read in this book. The answers are listed on the bottom of the next page.

Testez vos connaissances sur les chauves-souris en répondant aux questions suivantes. Les questions sont basées sur ce que vous avez lu dans ce livre. Les réponses sont listées au bas de la page suivante.

1
What are bat wings made of?
De quoi sont faites les ailes de chauve-souris?

2
What are bat homes called?
Comment s'appellent les maisons de chauves-souris?

3
What are baby bats called?
Comment s'appellent les bébés chauves-souris?

4
How do most bats sleep?
Comment la plupart des chauves-souris dorment-elles?

5
How many kinds of bats are there?
Combien de types de chauves-souris existe-t-il?

6
What are pesticides?
Que sont les pesticides?

Explore other books in the Animals That Make a Difference series.

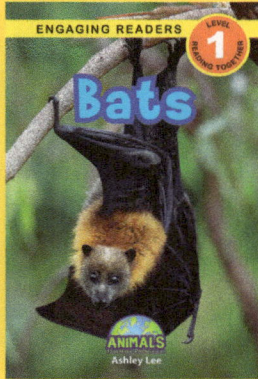

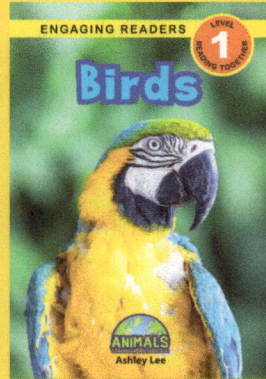

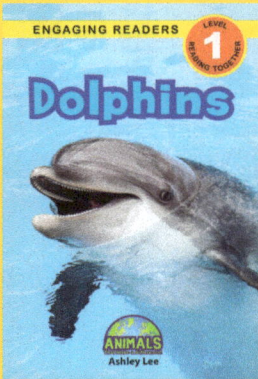

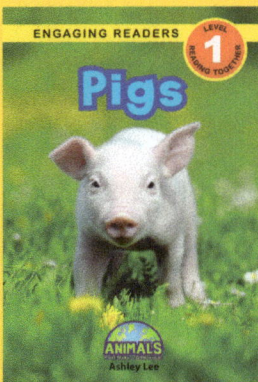

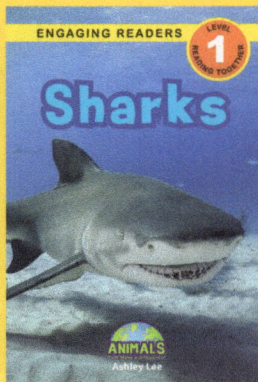

Bees
ENGAGING READERS — LEVEL 1 READING TOGETHER
ANIMALS
Jared Siemens

Bats
ENGAGING READERS — LEVEL 1 READING TOGETHER
ANIMALS
Ashley Lee

Birds
ENGAGING READERS — LEVEL 1 READING TOGETHER
ANIMALS
Ashley Lee

Dolphins
ENGAGING READERS — LEVEL 1 READING TOGETHER
ANIMALS
Ashley Lee

Horses
ENGAGING READERS — LEVEL 1 READING TOGETHER
ANIMALS
Ashley Lee

Ladybugs
ENGAGING READERS — LEVEL 1 READING TOGETHER
ANIMALS
Ashley Lee

Pigs
ENGAGING READERS — LEVEL 1 READING TOGETHER
ANIMALS
Ashley Lee

Sharks
ENGAGING READERS — LEVEL 1 READING TOGETHER
ANIMALS
Ashley Lee

Squirrels
ENGAGING READERS — LEVEL 1 READING TOGETHER
ANIMALS
Ashley Lee

Visit www.engagebooks.com to explore more Engaging Readers.

Réponses:
1. De peau fine 2. Les dortoirs 3. Les chauve-souriceaux 4. À l'envers 5. Plus de 1,300 6. Les produits chimiques qui tuent les insectes

Answers:
1. Thin skin 2. Roosts 3. Pups 4. Upside down 5. More than 1,300 6. Chemicals that kill bugs

www.ingramcontent.com/pod-product-compliance
Lightning Source LLC
Chambersburg PA
CBHW051234020426
42331CB00016B/3373